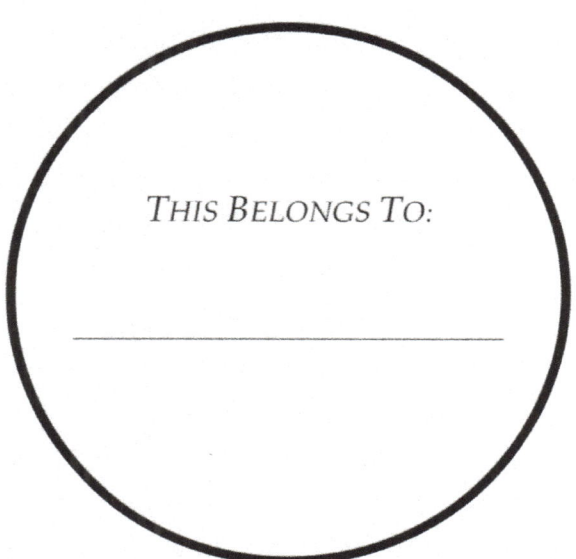

Copyright © 2016 All rights reserved. This book or any portion thereof may not be reproduced or used in any manner whatsoever without the express written permission of the publisher except for the use of brief quotations in a book review.

Designed by: *The Blank Book M.D.*

Date: /   /   Today I am grateful for . . .

Date: /   /   Today I am grateful for . . .

Date: /   /   Today I am grateful for . . .

Date: /   /   Today I am grateful for . . .

Date: /   /   Today I am grateful for . . .

Date: /   /   Today I am grateful for . . .

Date: /   /   Today I am grateful for . . .

Date: /   /   Today I am grateful for . . .

Date: /   /   Today I am grateful for . . .

Date: / /					Today I am grateful for . . .

Date: /   /   Today I am grateful for . . .

Date: /   /   Today I am grateful for . . .

Date: /   /   Today I am grateful for . . .

Date: /   /   Today I am grateful for . . .

Date: /   /   *Today I am grateful for . . .*

Date: / /   Today I am grateful for . . .

Date: /   /   Today I am grateful for . . .

Date: /   /   Today I am grateful for . . .

Date: /   /   Today I am grateful for . . .

Date: /   /   Today I am grateful for . . .

Date: /   /   Today I am grateful for . . .

Date: /   /   Today I am grateful for . . .

Date: /   /   Today I am grateful for . . .

Date: /   /   Today I am grateful for . . .

Date: /   /   Today I am grateful for . . .

Date: /   /   Today I am grateful for . . .

Date: /   /   Today I am grateful for . . .

Date: /   /   Today I am grateful for . . .

Date: /   /   Today I am grateful for . . .

Date: /   /   Today I am grateful for . . .

Date: /   /   Today I am grateful for . . .

Date: /   /   Today I am grateful for . . .

Date: /   /   Today I am grateful for . . .

Date: /   /   Today I am grateful for . . .

Date: /   /   Today I am grateful for . . .

Date: /   /   Today I am grateful for . . .

Date: /   /   Today I am grateful for . . .

Date: / /					Today I am grateful for . . .

Date: /   /   Today I am grateful for . . .

Date: / /   Today I am grateful for . . .

Date: /   /   Today I am grateful for . . .

Date: /   /   Today I am grateful for . . .

Date: /   /   Today I am grateful for . . .

Date: /   /   Today I am grateful for . . .

Date: /   /   Today I am grateful for . . .

Date: /   /   Today I am grateful for . . .

Date: /   /   Today I am grateful for . . .

Date: /   /   Today I am grateful for . . .

Date: /   /   Today I am grateful for . . .

Date: /   /   Today I am grateful for . . .

Date: /   /   Today I am grateful for . . .

Date: /   /   *Today I am grateful for . . .*

Date: /   /   Today I am grateful for . . .

Date: /   /   Today I am grateful for . . .

Date: /   /   Today I am grateful for . . .

Date: /   /   *Today I am grateful for . . .*

Date: /   /   Today I am grateful for . . .

Date: /   /   Today I am grateful for . . .

Date: /   /   Today I am grateful for . . .

Date: /   /   Today I am grateful for . . .

Date: /   /   Today I am grateful for . . .

Date: /   /   Today I am grateful for . . .

Date: /   /   Today I am grateful for . . .

Date: /   /   Today I am grateful for . . .

Date: / /   Today I am grateful for . . .

Date: /   /   Today I am grateful for . . .

Date: /   /   Today I am grateful for . . .

Date: /   /   Today I am grateful for . . .

Date: /   /   Today I am grateful for . . .

Date: /   /   Today I am grateful for . . .

Date: /   /   Today I am grateful for . . .

Date: /   /   Today I am grateful for . . .

Date: /   /   Today I am grateful for . . .

Date: /   /   Today I am grateful for . . .

Date: /   /   Today I am grateful for . . .

Date: / /					Today I am grateful for . . .

Date: /   /   Today I am grateful for . . .

Date: /   /   Today I am grateful for . . .

Date: /   /   Today I am grateful for . . .

Date: /   /   Today I am grateful for . . .

Date: /   /   Today I am grateful for . . .

Date: /   /   Today I am grateful for . . .

Date: /   /   Today I am grateful for . . .

Date: /   /   Today I am grateful for . . .

Date: / /					Today I am grateful for . . .

Date: /   /   Today I am grateful for . . .

Date: /   /   Today I am grateful for . . .

Date: / /   Today I am grateful for . . .

Date: /   /   Today I am grateful for . . .

Date: /   /   Today I am grateful for . . .

Date: /   /   Today I am grateful for . . .

Date: /   /   Today I am grateful for . . .

Date: /   /   Today I am grateful for . . .

Date: /   /   Today I am grateful for . . .

Date: /   /   Today I am grateful for . . .

Date: /   /   Today I am grateful for . . .

Date: /   /   Today I am grateful for . . .

Date: /   /   Today I am grateful for . . .

Date: /   /   Today I am grateful for . . .

Made in the USA
Monee, IL
27 October 2020